영문법 원정대

제14권 추격하라! 시퀀스의 문장 레이싱!

지은이 장영준 | 구성·그림 어필

사회평론

이 책을 펴내며

처음 만화로 영문법 책을 내겠다고 하니 주변 분들이 모두 이상한 눈으로 저를 바라보셨습니다. 아니 대학교 영문과 교수가 대학 교재도 아니고 코흘리개 애들이나 보는 만화책을 쓰겠다고 하니 의아해 하신 거지요. 물론 만화책이라면 우선 재미가 있어야 하는데 딱딱한 훈장님의 문법 강의가 되지 않을까 걱정하신 바도 있겠지요.

제가 만화 영문법 책을 내겠다고 마음먹은 이유는 초등학교 4학년짜리 아들 때문입니다. 어릴 때부터 영어를 배웠지만 앵무새처럼 외워서 말하고 따라 읽을 뿐 영어를 전혀 재미있어 하지 않는 겁니다. 영어도 우리말처럼 쉽고 자연스럽게 받아들이도록 할 수는 없을까 생각했지요. 아이에게 한국어가 우리나라 사람들의 생각을 표현하는 것처럼 영어도 미국이나 영국 사람들의 생각을 표현하는 같은 언어라는 점을 느끼게 하고 싶었습니다. 결코 공부하고 점수를 따야 하는 어려운 대상이 아니라는 것을 말이죠.

영어를 제대로 알려면 영어를 쓰는 사람들이 무엇을 중요하게 생각하는지, 또 우리와 사고 방식이 어떻게 다른지 아는 것이 도움이 됩니다. 우리말과 말의 순서가 다르고, 단수인지 복수인지를 반드시 가리고, 말하는 시점에 따라 다양한 시제를 사용한다는 점은 무조건 외운다고 해서 이해되는 것이 아니니까요. **그런 차이들이 모여 문법이 되는 것이지요.** 그런데 서점에 나와 있는 문법책들을 보면 어린이를 대상으로 하고 있음에도 한결같이 어려운 한자 용어에 이해하기 어려운 설명으로 가득합니다. 화려한 그림에 판형만 커졌을 뿐 성인용 문법책의 축소판입니다.

어떤 분들은 어릴 때는 영문법을 몰라도 된다고 하십니다. 아이들이 좋아하는 이야기 테이프를 들려주고 동화책을 많이 읽게 하면 저절로 문법은 익힐 수 있다고도 하십니다. 그러나 문법이 문장에 나타나는 반복적인 구조, 말을 하고 글을 쓰는 규칙이라고 할 때 어느 정도 영어의 기초 과정을 거친 어린이들에게 그 규칙을 이해하기 쉽게 알려 준다면 나중에 더 높은 수준의 영어를 배울 때 훨씬 학습 효과가 클 수 있습니다.

이 책을 쓰다 보니 아이들 눈높이에서 재미있고 쉽게 영문법을 알려 주는 것이 결코 쉽지 않은 작업이었습니다. 왜 시중에 어려운 책들이 넘쳐 나는지 이해도 되었습니다. 영문법을 어렵게만 배워 온 어른들로서는 그것을 쉽게 풀어서 설명하는 것이 더 어려운 일일 수밖에 없겠더군요. 그래서 언어학자인 제가 아니면 꼭 필요한 이 일을 할 사람이 없겠구나 하는 나름의 사명감까지 느꼈습니다.

〈그램그램 영문법 원정대〉는 출판사 분들과 만화가 선생님들의 노고가 합쳐져 탄생하였습니다. 건, 빛나, 피오 세 어린이가 그램우즈라는 가상 세계에서 리버스 마왕에 맞서 나운, 데프나운, 버브 등 그램펫들을 물리치면서 영문법을 하나하나 알아가는 내용으로 영문법 학습뿐만이 아니라 어드벤처 이야기로도 흥미진진합니다.

책을 쓰면서 우리 아이는 물론이고 여러 어린이들에게 이 책을 보여 주었더니 얼마나 재미있어 하는지 몇 번이고 반복해서 읽더군요. 그러면서 저절로 명사의 수나 be 동사의 변화 등을 자연스럽게 익혔습니다. 우리말에 없는 관사의 개념도 정확히 이해하고 주어에 따라 동사를 변화시켜 문장을 만들기도 하였습니다. 무엇보다 그걸 공부라고 여기지 않고 놀이처럼 따라 한다는 점이 놀라웠습니다.

이제 우리 아이들은 어른들이 영어를 배울 때처럼 활용하지도 못할 영어를 배워서는 안 됩니다. 영어 문법 역시 어려운 용어를 무조건 외우게 할 것이 아니라 머릿속에 영어의 구조를 만들어 주어 스스로 자연스런 문장을 말할 수 있게 해야 합니다. 그러려면 물고기를 잡아 주는 것이 아니라 물고기 잡는 법을 알려 주어야 합니다. 재미있게 시작한 공부는 앞으로도 계속 즐거운 경험으로 이어질 것입니다. 여러 어린이들의 재미있는 영어 공부에 이 책이 조금이나마 도움이 되기를 바랍니다.

지은이 장영준

어린이 여러분 보세요!

교수님, 영문법이 뭐예요?

영문법은 '영어 문법'의 줄임말이란다.
문법이란 말을 하거나 글을 쓰는 규칙을 말하지.
영어로는 '그래머(Grammar)'라고 해.

말을 하거나 글을 쓰는 규칙이요?

'새가 하늘이 날아가요.' 하면
무슨 말인지 알겠니?

아니요.
'새가 하늘을 날아가요.'라고
말해야 해요.

그래. 이렇게 우리말에도 지켜야 하는
규칙이 있어서 **이 규칙을 지키지 않으면 무슨 말을 하는지
알 수 없게 된단다.** 어린아이들이 문법을 지키지 않고 하는 말을
들으면 웃음이 절로 나오지 않니? 영어도 문법을 잘 모르고
말을 하면 우스운 말이 되겠지.

우리말 문법은 쉬운 것 같은데
영어 문법은 어렵지 않을까요?
전 아직 영어를 잘하지 못해요.

〈그램그램 영문법 원정대〉를 보면
영어 문법이 재미있어질 거야. 영어 문법이 재미있고
쉬워서 조금만 배워도 '아하! 그래서 이렇게 말하는구나.'
하고 신이 나게 될 테니까.

차례

원정대를 구한 수상한 노파 8

1. 수상한 노파의 테스트 18
 - 영어 문장의 다양한 형식과 말의 순서

2. 피오, 시퀀스 레이싱에 도전하다! 48
 - '～에게 목적어'와 '～을/를 목적어'가 있는 문장

3. 시퀀스 레이싱의 최종 승자는? 78
 - '목적어'와 '목적보어'가 있는 문장

4. 도적단의 동굴에 갇힌 원정대 108
 - 두 문장을 하나로 이어 주는 관계부사

5. 램프의 요정, 소원을 들어줘! 136
 - 관계부사 where, when, how, why

울랄라 여왕의 미션
 - 말의 순서에 맞게 문장을 완성하라! • 44
 - 목적어의 순서를 맞춰라! • 74
 - 목적보어로 목적어를 설명하라! • 104
 - 관계부사로 문장을 연결하라! • 132
 - 관계부사를 정확히 활용하라! • 156
 - 영어를 읽어 보자! • 160
 - 정답편 • 163

등장인물

건(Gun)
생각보다 행동이 앞서는 원정대의 사고뭉치.
도적들의 동굴에서 램프를 몰래 가져오는 바람에 원정대가
도적단의 추격을 받게 된다.

피오(Pio)
모든 것이 가소로운 원정대의 카리스마.
노파에게 떠밀려 시퀀스 레이싱에 참가하여 시퀀스와 엑스맨의
문장 공격을 받게 된다.

빛나(Bitna)
영어에 대한 풍부한 지식과 타고난 직감을 가진 원정대의 해결사.
건이 몰래 가져온 램프의 요정의 주인이 되어,
관계부사 소원의 구슬로 도적들을 물리친다.

모모(Grammpet Momo)
원정대와 모험을 같이하며 필요할 때마다 영문법 지식을 알려 주는 그램펫.
노파를 보고 기겁을 하는 엑스맨을 보고, 수상한 노파의 정체를 알게 된다.

셰프(Chef)
정체불명의 노파이자 그램우즈의 셰프.
바다에 빠진 원정대를 구하고, 엑스맨을 혼내 줄 목적으로 피오를
시퀀스 레이싱에 참가시킨다.

서퀀스(Grammpet Sequence)
말의 순서를 관장하는 그램펫이자 레이싱을 개최한 장본인. 엑스맨과 함께 문장 공격을 하여 피오의 레이싱을 방해한다.
• 시퀀스(sequence) : '순서'를 뜻한다.

엑스맨(Grammpet X-man)
자칭 리버스 마왕의 수석 참모. 레이싱에서 피오에게 문장 공격을 하다 노파의 변신한 모습을 보고 깜짝 놀라며 트랙 밖으로 뛰어내린다.

리버스 마왕(Devil Reverse)
문법을 다스리던 그램펫들을 납치하여 그램우즈를 위기에 빠뜨린 장본인. 다크 케이브에서 원정대의 행방을 지켜보다 셰프가 나타난 것을 알고 안절부절못한다.

램프의 요정(Genie)
도적들이 동굴 안에서 쓰는 관계부사 마법을 관장하지만, 빛나가 램프의 주인이 된 후 원정대의 탈출을 도와준다.

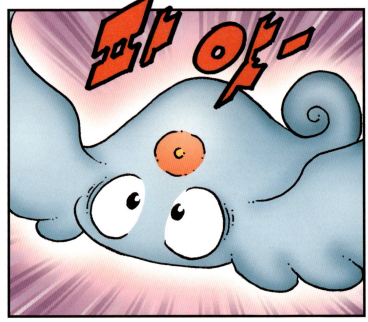

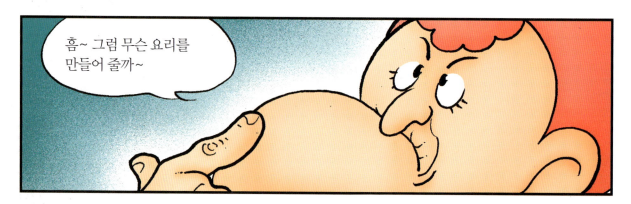

Pio eats a steak!
피오가 스테이크를 먹는다.

아까 건이의 모습이 왜 마구마구 바뀌었는지 아니? 'He is'나 'I am'처럼 주어와 be동사만으로는 문장이 완성되지 않아서, 주어인 건이가 누구인지, 어떤 상태인지 알 수 없었기 때문이란다.

누구인지? (명사)

주어 (~가) + be동사 (~이다)

어떤 상태인지? (형용사)

be동사가 쓰인 문장에서 '주어가 누구인지' 말하고 싶을 땐 명사를, '주어가 어떤 상태인지'를 말하고 싶을 땐 알맞은 뜻의 형용사를 be동사 뒤에 쓰면 되지.

주어 (~가) + 동사 (~하다) + 목적어 (~을/를)

만약 주어와 동사만 이용해서 'Gun makes.'라고 말하면 어떨까?

'건이는 만든다.' 음, 말이 되는 것도 같은데 무엇을 만든다는 건지…

헬헬~ '무엇을' 만드는지 말하지 않으니까 좀 부족한 것 같지? 이럴 때 '무엇을'에 해당하는 목적어가 필요하단다. like(좋아하다), meet(만나다), drink(마시다), read(읽다)와 같은 동사도 마찬가지야. '무엇을/누구를' 좋아하는지, '누구를' 만나는지, '무엇을' 마시는지 설명해 줘야 하지.

이때 I, he, they와 같은 인칭대명사가 목적어 자리에 올 때는 me, him, them과 같은 목적격 형태로 바꿔 줘야 한단다.

도대체 뭐가 어떻게 돼 가는 거야?

쳇~ 내가 나갔어야 하는 건데… 확 져 버려라!!

어휴… 누가 나가든 이기면 차가 생기는 거잖아!!

쳇쳇쳇~

심보하고는~

울랄라 여왕의 미션 | 말의 순서에 맞게 문장을 완성하라! ❶

노파가 피오에게 단어가 적힌 구슬을 막무가내로 던지고 있어. 구슬을 어떤 순서로 놓아야 할까?

그림에 맞는 문장이 되도록 다음 단어들을 알맞은 순서로 배열하여 빈칸을 채우세요.

 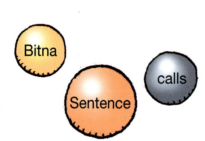 

Sentence calls Bitna.

 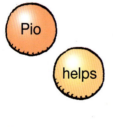 

Pio helps the blind man.

 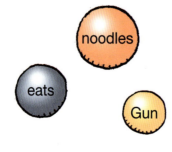 

Gun eats noodles.

말의 순서에 맞게 문장을 완성하라! ❷

'주어+동사' 영어 문장을 정확히 완성하면 지친 모모가 다시 힘을 낼 수 있대. 울랄라 여왕과 원정대가 틀리지 않고 잘 말할 수 있도록 도와줘.

각 문장에서 주어 다음에 올 알맞은 동사를 골라 동그라미 하세요.

The sun (rise / rises).

The phone (ring / rings).

I (sleeps / sleep).

You (sing / sings).

He (laughs / laugh).

The cookies (fly / flies).

말의 순서에 맞게 문장을 완성하라! ❸

이번엔 건이가 노파에게 재미있는 복수를 하려고 해. 어떤 구슬을 써야 노파를 변신시킬 수 있을까?

문장의 빈칸에 알맞은 단어를 구슬 중에서 골라 쓰세요.

You are _a frog_.

The woman is _fat_.

They _are_ friends.

She is _a witch_.

말의 순서에 맞게 문장을 완성하라! ④

의심스러운 할머니긴 하지만 괜히 폐만 끼친 것 같아서 할머니 댁에서 나오기 전에 착한 일을 좀 했어. 우리가 무슨 일을 하고 왔을까? 호호~

*1편의 정답은 163쪽에서 확인하세요.

각 문장에 주어진 단어 두 개 중 필요한 단어에 동그라미 한 뒤, 알맞은 위치를 골라 ✓표 하세요.

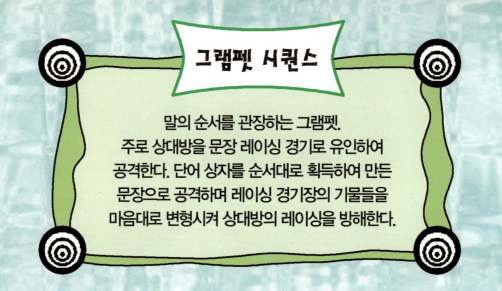

그램펫 시퀀스

말의 순서를 관장하는 그램펫. 주로 상대방을 문장 레이싱 경기로 유인하여 공격한다. 단어 상자를 순서대로 획득하여 만든 문장으로 공격하며 레이싱 경기장의 기물들을 마음대로 변형시켜 상대방의 레이싱을 방해한다.

헉! 그런데 꼭 그 순서대로만 써야 해? '~을/를' 목적어를 먼저 말하면 안 돼?

다 방법이 있지~ 동사 뒤의 두 목적어끼리 순서를 바꾼 뒤에 서로 자리를 바꿨다고 살짝 표시만 해 주면 되지.

주어 + 동사 + '~에게' 목적어 + '~을/를' 목적어

주어 + 동사 + '~을/를' 목적어 + 전치사 + '~에게' 목적어

to와 같은 전치사는 '~에게'라는 뜻을 가지고 있잖아? 그래서 이 전치사를 '~에게' 목적어 앞에 붙여 주면 자리가 바뀌어도 헷갈리지 않지. '~에게'라고 확실히 표시해 두었으니까.

그럼 전치사가 표지판 역할을 하는 거네?

빙고!

Pio gives Ulala a present.
Pio gives a present to Ulala.
피오는 울랄라에게 선물을 준다.

Gun asks Sentence a question.
Gun asks a question of Sentence.
건이는 센텐스에게 질문을 한다.

Bitna buys her mother a carnation.
Bitna buys a carnation for her mother.
빛나는 어머니에게 카네이션을 사 드린다.

그런데 문장마다 전치사가 다르잖아?

응. '~에게' 목적어와 '~을/를' 목적어의 자리를 서로 바꿀 때, '~에게' 목적어 앞에 들어가는 전치사는 동사에 따라 달라져. 이건 그때그때 어울리는 전치사를 기억해 두는 게 좋아~

I show you the wrong signpost.

나는 너에게 틀린 표지판을 보여 준다.

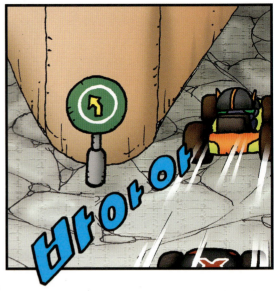

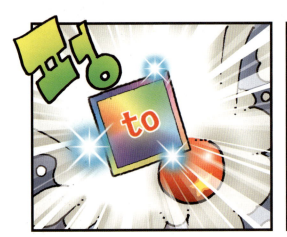

울랄라 여왕의 미션 | 목적어의 순서를 맞춰라! ❶

헬헬~ 레이싱 구경만 하지 말고 이번엔 너희들의 실력을 보여 주렴. '~에게' 목적어를 얼마나 잘 찾는지 어디 볼까?

그림을 보고 문장의 빈칸에 들어갈 알맞은 단어를 골라 연결해 주세요.

He brings _____ a puppy.

Sequence

Gun lends _____ the item.

them

He sends _____ a present.

Bitna

She gives _____ a dress.

Pio

목적어의 순서를 맞춰라! ❷

단어 상자들이 하나둘씩 떨어지고 있어. 단어를 알맞은 순서대로 먹은 사람은 레이싱 카 속도를 더 높일 수 있대~ 과연 누구의 레이싱 카가 빨라질까?

왼쪽 그림에 맞는 문장이 되도록 동사 뒤에 들어갈 명사 두 개를 순서대로 써 주세요.

I tell __you__ __the news__ .

She teaches __Momo__ __magic__ .

He gives __a magic wand__ __her__ .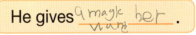

Bitna sends __him__ __a snake__ .

울랄라 여왕의 미션 | 목적어의 순서를 맞춰라! ❸

네 사람이 '전치사 넣기' 내기를 하고 있어.
과연 누가 정답을 맞출까?

문장 속 알맞은 위치에 들어간 전치사를 골라 동그라미 하세요.

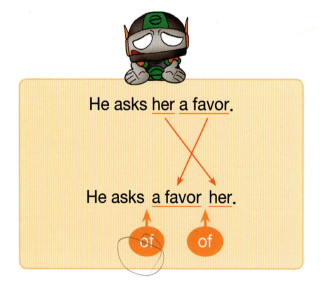

목적어의 순서를 맞춰라! ❹

*2편의 정답은 164쪽에서 확인하세요.

피오가 이 문제를 다 맞춰야 다음 경기에 참가할 수 있대. 피오가 무사히 경기를 마칠 수 있도록 도와줘~

각 문장에 알맞은 그림을 골라 네모 칸에 ✓표 하세요.

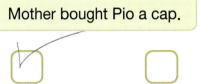

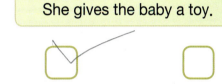

각 그림에 알맞은 문장을 골라 네모 칸에 ✓표 하세요.

 A. She teaches English to us.

 B. She teaches us to English.

 A. She reads us to the book.

 B. She reads the book to us.

3. 시퀀스 레이싱의 최종 승자는?
✦ '목적어'와 '목적보어'가 있는 문장 ✦

He makes Gun angry.

He makes Gun… angry? 그가 건이를 만든다… 그런데 그 뒤에 angry는 누가 화난다는 거죠? He? 아니면 Gun? 무슨 말인지 모르겠어요~

헬헬헬~ 힌트! 'He makes Gun(그가 건이를 만든다).' 멀쩡한 건이를 대체 어떻게 만든다는 걸까? 그가 건이를 행복하게 만들 수도 있고, 울게 만들 수도 있고, 웃게 만들 수도 있을 텐데 말이야.

음~ 건이를 ~하게 만든다? 단어가 angry니까… 그럼 그가 건이를 화나게 만든다는 건가요?

맞았어. 그가 화난 게 아니라 그가 건이를 화나게 만든 거야. 'angry'는 주어인 He에 대해서가 아니라 목적어인 Gun에 대해 설명하고 있는 거지.

He	makes	Gun	angry.
주어 (~가) +	동사 (~하다) +	목적어 (~을/를) +	목적보어 (~하게)

이렇게 angry처럼 목적어 뒤에서 목적어를 보충해서 설명해 주는 말을 '목적보어'라고 해. 그럼 'He makes Gun angry.'라는 문장에서는 angry가 목적보어가 되겠지? '보어'라는 말은 '도와주는 말'이라는 뜻이야. 즉, 목적어를 도와주는 말! 목적보어는 항상 목적어 뒤에 온다.

아~ 이번에도 역시 순서가 있구나.

목적보어는 목적어를 설명해 주는 역할을 하기 때문에, 문장의 뜻을 살펴보면 목적어와 목적보어가 서로 직접적인 관련이 있어.

형용사

He found the box empty.

그는 그 상자가 비었다는 것을 알았다.

명사

We call her a princess.

우리는 그녀를 공주라고 부른다.

동사

Bitna heard him cry.

빛나는 그가 우는 소리를 들었다.

그가 비어 있는 게 아니라 상자가 비어 있는 것이고, 우리가 공주인 게 아니라 그녀가 공주인 거지.

빛나가 우는 게 아니라 그가 우는 거구요?

그렇지~ 목적보어 자리에는 empty와 같은 형용사, princess와 같은 명사, cry와 같은 동사가 올 수 있어.

오호~ 이제 마음껏 공격 문장을 만들 수 있을 것 같아요!

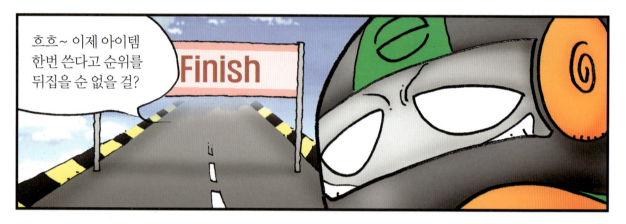

좋았어! 이대로 역전하는 거야!!

헉! 이… 이럴 수가!!

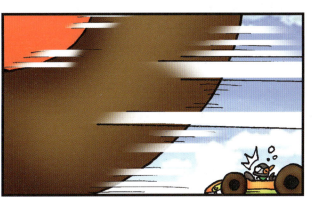

울랄라 여왕의 미션 | 목적보어로 목적어를 설명하라! ❶

각 문장에 필요한 구슬을 주머니에서 하나씩 골라야만 해.
어떤 구슬을 골라야 할까?

다음 그림을 보고 빈칸에 들어갈 알맞은 단어를 아래에서 골라 써 주세요.

She made his car ___big___.

We found the English book ___fun___.

She makes X-man ___a player___.

I made you ___cry___.

cry　fun　big　a player

목적보어로 목적어를 설명하라! ❷

피오는 '목적어를 보충하라' 코스에서 새로운 문장 사용법을 잘 이해했을까? 과연 나만큼? 후후훗~

각 문장에서 밑줄 친 단어는 누구의 상황을 말한 건지 알맞은 그림을 골라 동그라미 해 주세요.

Who is angry?

Gun makes Bitna angry.

Who is a teacher?

Mom makes Bitna a teacher.

Who cooks?

Pio helps his mom cook.

목적보어로 목적어를 설명하라! ❸

목적어 자리에는 단어가 어떤 모습으로 와야 할까? 선수들에게 주어진 미션! 목적어 자리에 들어갈 단어를 알맞은 형태로 넣기~

각 문장의 빈칸에 들어갈 말을 두 단어 중에서 골라 써 주세요.

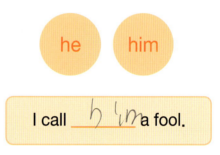

he / him

I call __him__ a fool.

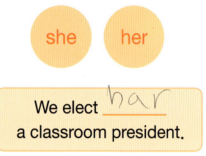

she / her

We elect __her__ a classroom president.

us / we

The comedian makes __we__ laugh.

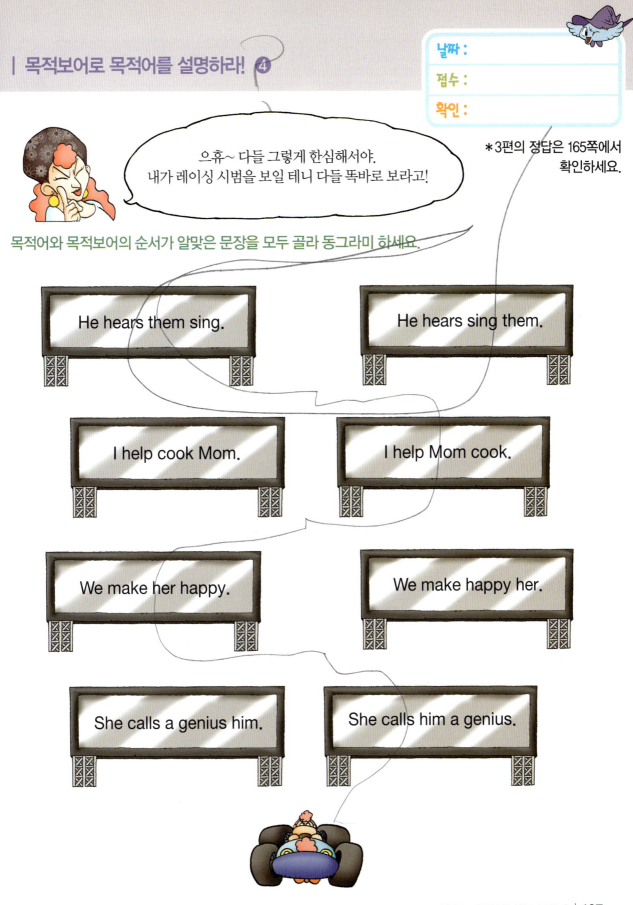

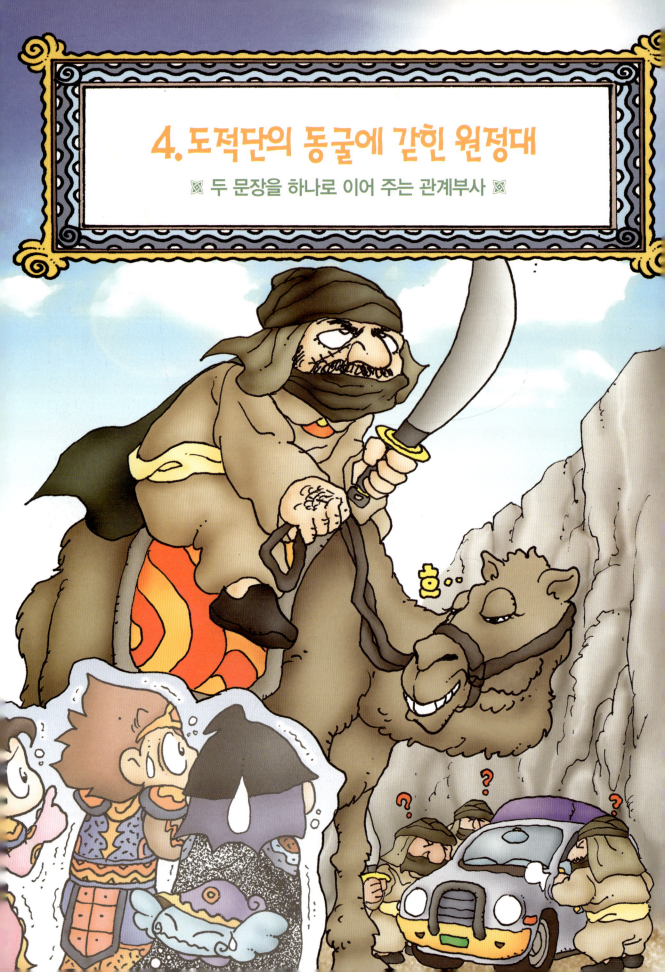

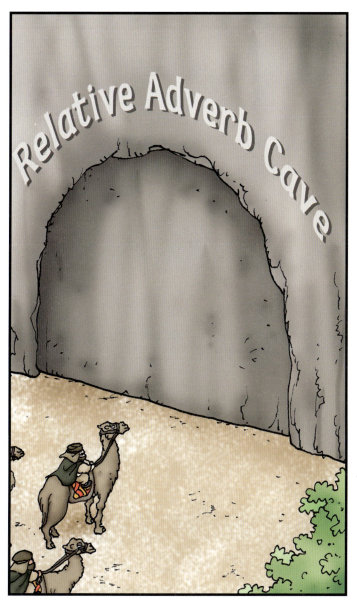

우리 차도 보물로 생각하는 모양이야.

오호라~ 저건 도적들이 보물을 숨겨 두는 동굴 아냐?

그럼 기다렸다가 도적들이 가고 나서 차를 꺼내 오면 되겠네.

좋았어! 보물을 숨겨 놓은 곳이면 분명 아이템도 있겠지?

무슨 생각하는지 뻔히 보여!

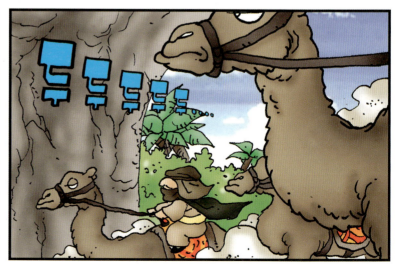

관계부사?
전엔 관계대명사라더니 이번엔 관계부사야?

관계부사도 관계대명사처럼 두 문장을 '관계'시켜 한 문장으로 만드는 역할을 해.

This is the store. I lost my money <u>in the store</u>.
→ This is the store <u>where</u> I lost my money.
이곳이 내가 돈을 잃어버린 가게이다.

그러니까 두 문장을 관계시키면서 부사의 역할을 하니까 '관계부사'인 거로군. 그런데 where는 '어디'를 물어보는 의문사잖아?

관계부사 where는 두 문장을 연결시킬 때 전치사 in과 중복되는 단어 the store를 모두 받아. 'in the store'는 '가게에서'라는 뜻으로 장소를 나타내는 '부사' 역할을 하지? 그래서 where와 같은 접착제를 '관계부사'라고 하는 거야.

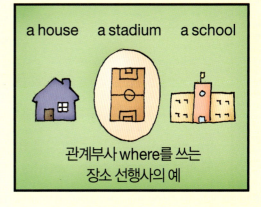

a house   a stadium   a school

관계부사 where를 쓰는 장소 선행사의 예

where는 의문사로 쓰이기도 하지만 선행사가 'the store'처럼 장소를 말할 경우 두 문장을 이어 주는 관계부사로도 쓰여. the store가 가게, where가 장소에 대한 뜻이니까 둘이 통한다고 볼 수 있겠지?

음~ 이것도 껌이군!

여기서 반드시 명심할 것!
'관계부사 = 전치사 + 관계대명사'이기 때문에 관계부사 문장을 만들 때는 전치사는 날려 버려야 한다는 것!

This is <u>the place</u>. I met Mother at <u>the place</u>.
→ This is <u>the place</u> where I met Mother <u>at</u>. (X)
→ This is <u>the place</u> where I met Mother. (O)

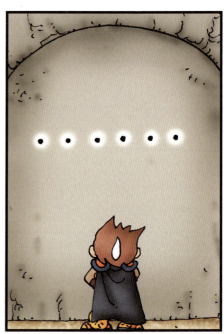

울랄라 여왕의 미션 | 관계부사로 문장을 연결하라! ❶

두 문장을 관계부사로 연결해야 굳게 닫힌 동굴의 문이 열린대. 선행사가 장소를 뜻하는 단어일 때 두 문장을 이어 주는 관계부사가 뭐더라?

다음 문장의 빈칸에 들어갈 알맞은 단어를 쓰세요.

This is the restaurant. I had dinner at the restaurant.
↓
This is the restaurant (　　　) I had dinner.

This is the house. She was born in the house.
↓
This is the house (　　　) she was born.

I went to the cave. I lost my car in the cave.
↓
I went to the cave (　　　) I lost my car.

관계부사로 문장을 연결하라! ❷

도적들이 동굴 벽에 문제만 남기고 떠났어.
문제의 답을 맞히면 원정대에게 자동차를 다시 돌려주겠대~

각 문장의 빈칸에 들어갈 알맞은 단어를 쓰세요.

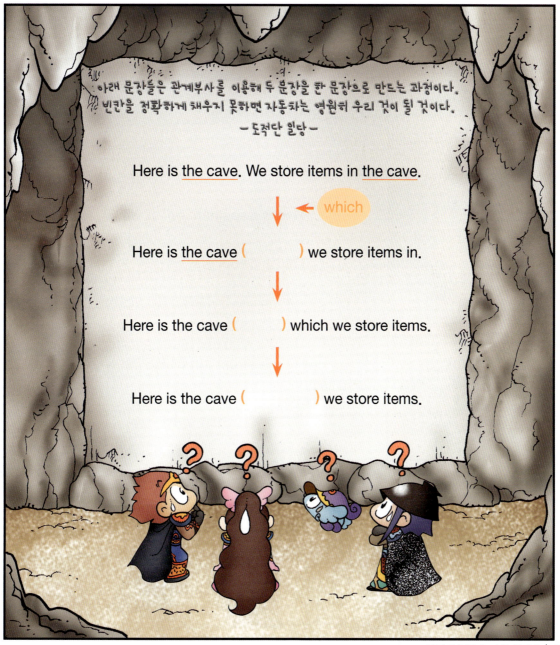

아래 문장들은 관계부사를 이용해 두 문장을 한 문장으로 만드는 과정이다.
빈칸을 정확하게 채우지 못하면 자동차는 영원히 우리 것이 될 것이다.
- 도적단 일당 -

Here is the cave. We store items in the cave.

↓ ← which

Here is the cave (　　　) we store items in.

↓

Here is the cave (　　　) which we store items.

↓

Here is the cave (　　　) we store items.

관계부사로 문장을 연결하라! ❸

관계부사 문장을 만들 수 있는 도적이 도적단의 두목이래. 과연 누굴까?

각 문장의 빈칸에 공통으로 들어갈 수 있는 단어를 말한 사람을 골라 동그라미 하세요.

A school is the place in which people get knowledge.
↓
A school is the place _____ people get knowledge.

This is Seoul station at which I met her.
↓
This is Seoul station _____ I met her.

This is the street on which he was hit by a car.
↓
This is the street _____ he was hit by a car.

when

what

where

관계부사로 문장을 연결하라! ④

사막에서 야자나무를 발견했어!
정답을 말한 사람에게만 코코넛이 떨어진대~

*4편의 정답은 166쪽에서 확인하세요.

각 문장에서 없어져야 할 단어 하나를 골라 동그라미 하세요.

Here is the store where my mom bought my shoes (at).

I know the place where Gun had dinner at.

I went to the place where there are many flowers in.

This is the apartment where he lives at.

힌트! 관계부사 문장에서는 전치사가 있어야 할까? 없어야 할까? 헬헬~

의문사 where와 관계부사 where가 서로 의미가 통한다는 건 알고 계시죠?

의문사 where가 '어디에'를 뜻하고, 관계부사 where는 '장소' 선행사가 있는 문장에서 쓰이니까 통한다고 볼 수 있지~

다른 관계부사도 뜻만 떠올려 보면 어떤 문장일 때 쓰이는지 단번에 알 수 있지요.

① 장소 where

선행사 the place는 '장소'를 뜻하죠. 이럴 땐 '어디에'를 의미하는 where를 쓰면 돼요.

This is the place. We played at the place.
여기가 바로 그 장소이다. 우리는 그곳에서 놀았다.
↓
This is the place where we played.
여기가 우리가 놀았던 그 장소이다.

② 시간 when

선행사 the day는 '시간'을 뜻하죠. 여기선 '언제'를 의미하는 when이 어울리겠죠?

I remember the day. We met on the day.
나는 그날을 기억한다. 우리는 그날에 만났다.
↓
I remember the day when we met.
나는 우리가 만났던 그날을 기억한다.

③ 방법 how

선행사 the way는 이 문장에서 '방법'을 뜻하니까 '어떻게'를 의미하는 how를 쓴답니다.

I know the way. He studied English in the way.
나는 그 방법을 안다. 그는 그 방법으로 영어를 공부했다.
↓
I know (the way) how he studied English.
나는 그가 영어를 공부한 방법을 안다.

④ 이유 why

선행사 the reason은 '이유'를 뜻하니까 '왜'를 의미하는 why를 쓰지요.

Tell me the reason. She was late for the reason.
나에게 그 이유를 말해 봐. 그녀는 그 이유로 늦었어.
↓
Tell me the reason why she was late.
나에게 그녀가 늦은 이유를 말해 봐.

오호~ 어려운 게 아니네? 뜻이 통하는 걸 찾으면 되겠구먼.

'the place' → 장소 → 어디서 → where
'the day'   → 시간 → 언제   → when
'the way'   → 방법 → 어떻게 → how
'the reason' → 이유 → 왜   → why

문장에서 관계부사 하나만 봐도 장소, 시간, 방법, 이유 중 무엇에 관한 것인지 짐작할 수 있기 때문에 선행사와 관계부사, 둘 중 하나는 생략해도 된답니다.

Dark Cave is the place. You can meet Reverse in the place.

→ Dark Cave is the place where you can meet Reverse. (O)
→ Dark Cave is where you can meet Reverse. (O)
→ Dark Cave is the place you can meet Reverse. (O)

그런데 how는 예외에요. how를 쓰는 관계부사 문장에서는 선행사와 how 둘 중 무조건 하나만 써야 한답니다. 명심하세요.

Gun learns the way. The man opens the door in the way.

→ Gun learns the way how the man opens the door. (×)
→ Gun learns how the man opens the door. (O)
→ Gun learns the way the man opens the door. (O)

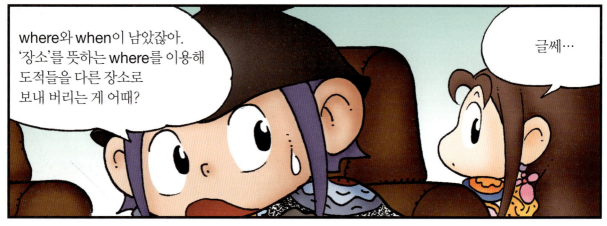

드디어 리버스 마왕이 있는
다크 케이브에 도착한 원정대…
15권에서 그 마지막 이야기가 펼쳐집니다.

울랄라 여왕의 미션 | 관계부사를 정확히 활용하라! ❶

리버스 마왕을 만나러 가기 전 건의 영어 실력 점검!
리버스 마왕 앞에서 잘할 수 있을까?
난 건이 네가 제일 걱정돼~

다음 문장의 빈칸에 들어갈 관계부사를 골라 연결하세요.

This is the pool _____ I used to swim.

I visited the museum _____ she lost her daughter.

I can't forget the day _____ my sister was born.

I go to the party at midnight _____ Reverse attends the party.

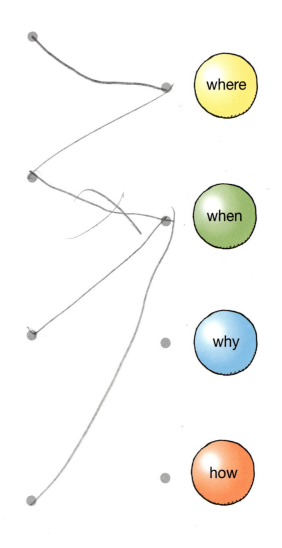

where

when

why

how

관계부사를 정확히 활용하라! ❷

도적들은 신기해. 어쩜 그리 관계부사 문장을 잘 만드는 거야? 너희들도 관계부사 문장을 잘 만들 수 있니?

각 문장에 들어갈 알맞은 관계부사를 고르세요.

관계부사를 정확히 활용하라! ❸

원정대가 드디어 다크 케이브 앞에 도착했어. 원정대가 각 문장의 선행사를 투명 망토로 가려야만 무사히 안으로 들어갈 수 있다는데…

각 문장에서 선행사를 골라 동그라미 해 주세요.

관계부사를 정확히 활용하라! ❹

*5편의 정답은 167쪽에서 확인하세요.

이번엔 요정이 부채 바람을 이용해 우리를 다크 케이브로 보내 주겠대. 그런데 자동차가 움직이질 않아. 한 사람이라도 틀린 답을 말하면 마법이 안 된다는데…

문장의 빈칸에 들어갈 수 있는 말에는 O를, 들어갈 수 없는 말에는 X표를 해 주세요.

This is the way. We can go to Dark Cave in the way.
↓ how
This is _____ we can go to Dark Cave.

the way

where

the way how

how

아직 영어를 읽지 못하는 어린이들을 위해 14권 본문에 나오는 영어 단어를 우리말로 읽어 주고 뜻도 써 놓았어요. 실제 영어 발음과는 차이가 나므로 읽기용으로만 참고하세요.

A

a [어] 관 어떤 하나(한 사람)의
are [아] 동 ～이다, ～에 있다
attend [어텐드] 동 참석하다

B

bee [비이] 명 벌
bird [버드] 명 새
bomb [밤] 명 폭탄
born [본] 동 태어나다
box [박스] 명 상자
by [바이] 전 ～로, ～에 의해

C

call [콜] 동 부르다, 전화하다
canyon [캐녀언] 명 협곡
car [카] 명 자동차
carnation [카네이션] 명 카네이션
cave [케이브] 명 동굴
challenger [챌린저] 명 도전자
change [체인지] 동 변하다, 변화시키다
chase [체이스] 동 뒤쫓다, 추적하다
cookie [쿠키] 명 쿠키
cross [크로스] 동 가로지르다, 건너다

D

dance [댄스] 동 춤추다
daughter [더우터] 명 딸
day [데이] 명 하루, 날
door [도어] 명 문

E

eat [잍] 동 먹다
empty [엠프티] 형 비어 있는, 빈

F

fire [파이어] 명 불
for [포] 전 ～을 위해, ～을 향해

G

give [기브] 동 주다
go [고우] 동 가다

H

hat [햍] 명 모자
he [히] 대 그
him [힘] 대 그를
hit [힡] 동 때리다, 부딪치다
how [하우] 의 어떻게, 관 (～하는 방법)
hungry [헝그리] 형 배고픈

160 | 그램그램 영문법 원정대

I
I [아이] 대 나는
ice cube [아이스 큐브] 명 얼음덩이
in [인] 전 ~(장소) 안에
is [이즈] 동 ~이다, ~에 있다

J
jumbo [점보] 형 아주 큰, 특대의

K
know [노우] 동 알다, 알고 있다

L
like [라이크] 동 좋아하다
live [리브] 동 살다

M
make [메이크] 동 만들다
mask [마스크] 명 가면, (보호용) 마스크
me [미] 대 나를
money [머니] 명 돈
my [마이] 한 나의

N
name [네임] 명 이름

O
on [온] 전 ~위에
open [오픈] 동 열다

P
people [피플] 명 사람들
princess [프린세스] 명 공주
pizza [핏자] 명 피자

Q
question [퀘스천] 명 질문, 의문

R
reason [리즌] 명 이유
remember [리멤버] 동 기억하다, 기억나다
return [리턴] 동 되돌아가다
run [런] 동 달리다

S
sad [새드] 형 슬픈
send [센드] 동 보내다, 발송하다
Seoul [서울] 명 서울
she [쉬] 대 그녀
show [쇼우] 동 보여 주다
signpost [사인포스트] 명 표지판
silent [사일런트] 형 조용한
small [스몰] 형 작은
sneeze [스니이즈] 동 재채기하다
spaghetti [스파게티] 명 스파게티
spice [스파이스] 명 양념, 향신료
spider [스파이더] 명 거미
station [스테이션] 명 역, 정거장
steak [스테이크] 명 스테이크
store [스토어] 동 보관하다, 저장하다
street [스트리트] 명 거리, 도로
student [스투던트] 명 학생

study [스터디] 동 공부하다

tell [텔] 동 말하다
the [더] 관 그, 이
them [뎀] 대 그들을, 그들에게
there [데어] 부 그곳에, 거기에
they [데이] 대 그들, 그것들
this [디스] 대 이것
time [타임] 명 시간
to [투] 전 ~으로, ~에
treasure [트레져] 명 보물

us [어스] 대 우리를, 우리에게

wait [웨이트] 동 기다리다
want [원트] 동 원하다
we [위] 대 우리
were [워] 동 ~이었다, ~에 있었다
　　　　　　(be동사 are의 과거형)
when [웬] 의 언제, 관부 (~하는 때)
where [웨어] 의 어디, 관부 (~하는 곳)
which [위치] 의 어느 쪽, 어느 것 관대 그것
who [후] 의 누구, 관대 그
why [와이] 의 왜, 관부 (~하는 이유)
wrong [렁] 형 틀린, 잘못된

you [유] 대 너, 너희(들)
your [유어] 한 너의, 너희들의

명 = 명사	부 = 부사	한 = 한정사
대 = 대명사	관 = 관사	관대 = 관계대명사
동 = 동사	전 = 전치사	관부 = 관계부사
형 = 형용사	의 = 의문사	

정답편

말의 순서에 맞게 문장을 완성하라!

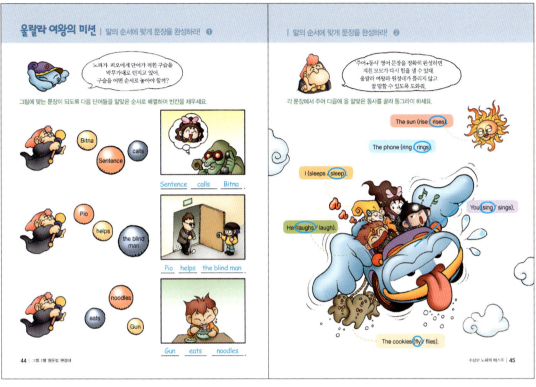

목적어의 순서를 맞춰라!

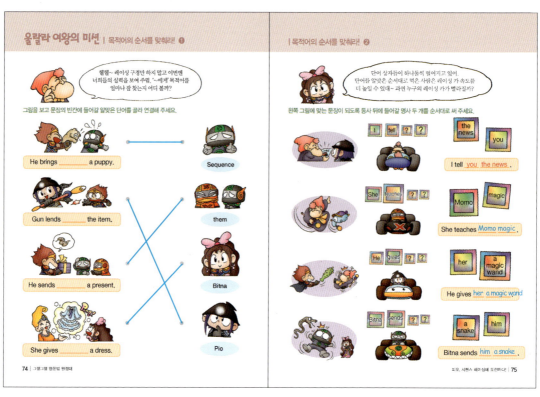

목적보어로 목적어를 설명하라!

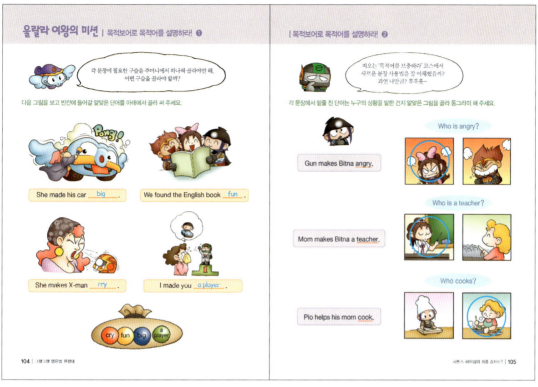

관계부사로 문장을 연결하라!

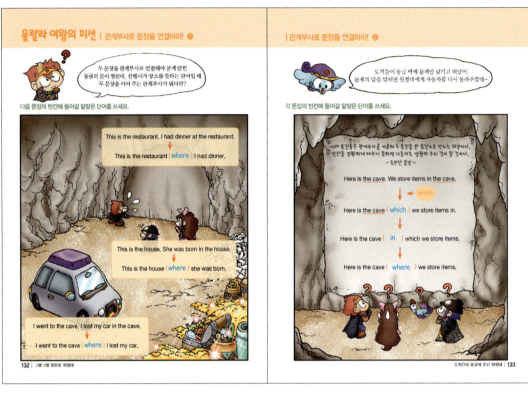

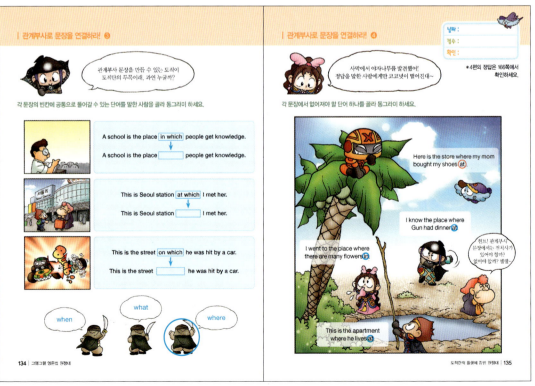

관계부사를 정확히 활용하라!

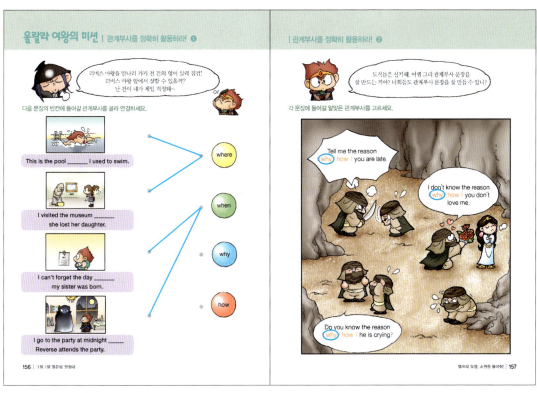

그램그램 **영문법 원정대**
제14권 추격하라! 시퀀스의 문장 레이싱

지은이 | 장영준
구성·그림 | 어필 프로젝트

초판 1쇄 펴냄 | 2010년 7월 26일
초판 8쇄 펴냄 | 2010년 12월 27일

펴낸이 | 윤철호
펴낸곳 | (주)사회평론
등록번호 | 제10-876호(1993년 10월 6일)
전화 | 02-326-1182(영업) 02-326-1542(편집)
팩스 | 02-326-1626
주소 | 서울시 마포구 서교동 247-14 임오빌딩 3층
홈페이지 | http://www.redbricks.co.kr

편집진행 | 김보은
편집팀 | 박은희 김보은 박혜진 김현영
영업팀 | 이승필 백미숙
디자인 | design Vita
채색 | 어필 프로젝트, 제페토

값 9,800원

ISBN 978-89-6435-101-7 77740
ISBN 978-89-6435-102-4 (세트)

Copyright ⓒ 2010, 장영준 · 어필 프로젝트

사전 동의 없는 무단 전재와 복제를 금합니다.
잘못 만들어진 책은 구입처에서 바꾸어 드립니다.